さくらの　おでかけメモ

でかける　前に、もっていくものと

よていを　かいてみましょう。

ショッピングモールへ　もっていくもの

- [x] ハンカチ
- [x] おさいふ（2000円、お金を　入れておく）
- [x] ICカード（電子マネーを　つかうため）

おでかけの　日の　よてい

午前12時……………お昼ごはんを　食べて、歯を　みがく

午後1時……………家を　出発

午後1時半……………ショッピングモールに　つく、
お母さんの　プレゼントを　さがす

午後3時……………ショッピングモールを　出て
家に　帰る

買いものに いこう

写真・文：キッチンミノル　監修：野口武悟（専修大学教授）

くもの　ない　青い　空。
今日は、買いものびより。

ポプラ社

もも
さくら

さくらと　ももは
お母さんへの
たんじょうびプレゼントを
さがしに　ショッピングモールへ
やってきました。

さくらと
もも

→

はいる

→

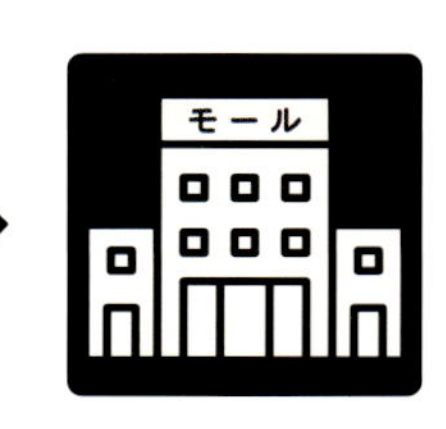

しょっぴんぐ
もーる

フロアガイド

食料品売場
EGG たまご
今だけ 家計応援
新じゃがいも

フードコート
返却口

ざっかやさん
flying tiger
copenhagen

服やさん

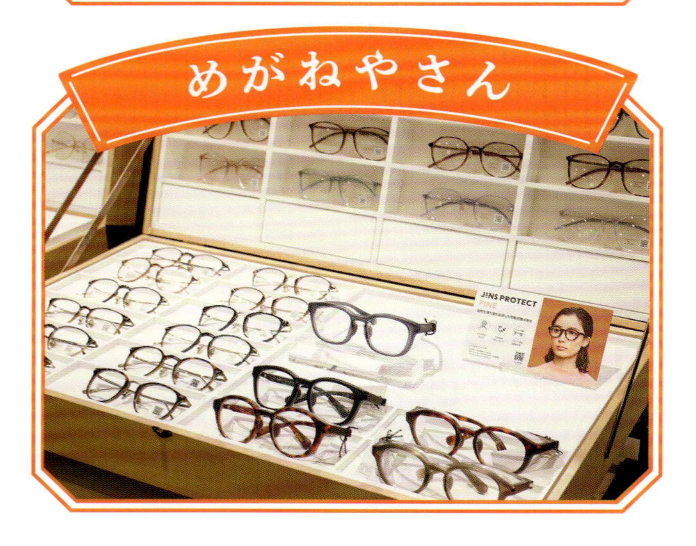
めがねやさん
JINS PROTECT

お花やさん

本やさん

ペットショップ

かみの毛を 切る お店

えいがかん

ここは　大きな　ショッピングモール。

いろんな　お店や　しせつが　あつまっています。

どの　お店を　見にいこうかな？

しょっぴんぐ
もーる

→

おみせ

→

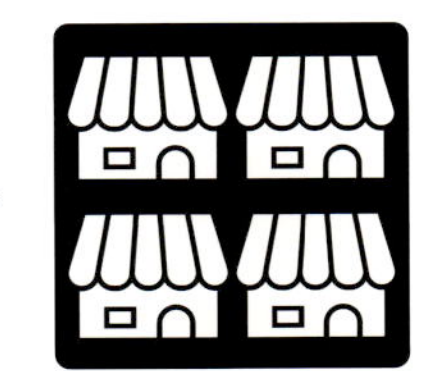

いろいろ

ショッピングモールの　なかは
まるで　大きな　まちのようです。
たくさんの　お客さんで　にぎわっています。

しょっぴんぐ
もーる

→

おきゃくさん

たくさん

「どんな　お店（みせ）が　あるのかな？」

と　もも。

入口（いりぐち）には　大（おお）きな　地図（ちず）が　ありました。

地図（ちず）に　さわると、お店（みせ）の　せつめいが　出（で）てきます。

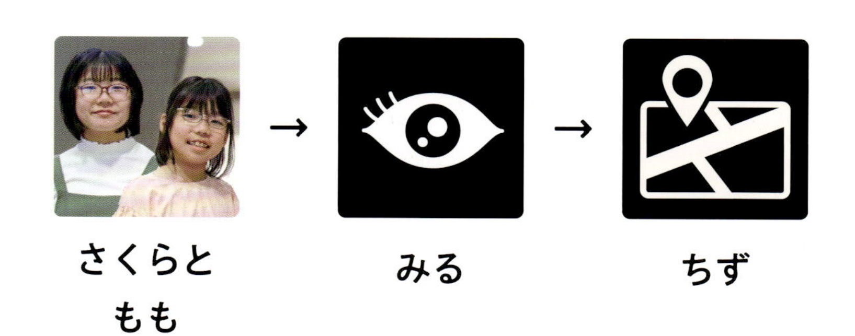

お店が　たくさん　あって、さくらは　こまってしまいました。

「この　お店は　どう？」

ももが　ざっかやさんを　みつけました。

ふたりは　この　お店に　行ってみることにしました。

さくらと
もも

→

みつける

→

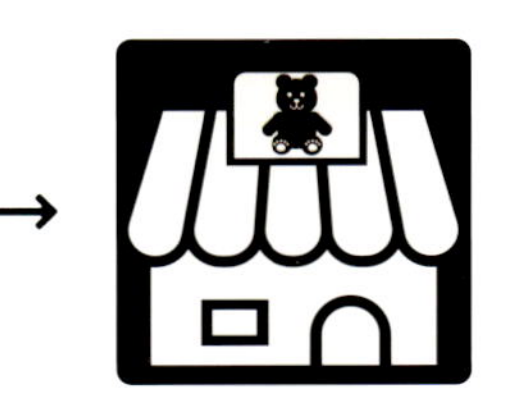
ざっかやさん

さくらと　ももは　お店を　めざして　いどうします。
エスカレーターに　のるときは、
手すりに　しっかり　つかまります。

さくらと
もも

→

のる

→

えすかれーたー

「ここだ！」

さがしていた　ざっかやさんです。

さくらと　ももは、地図(ちず)を　見(み)て、お店(みせ)に　来(こ)られて

とても　うれしい　きもちになりました。

 →  → 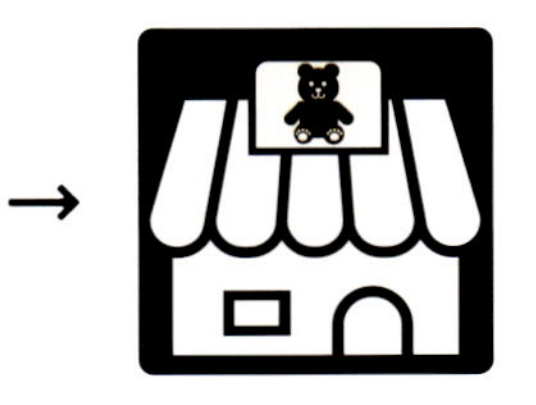

さくらと もも　　つく　　ざっかやさん

お店の　なかは、かわいい　ぶんぼうぐや
ざっかで　いっぱい！
さくらと　ももは　まるで　ゆめの　なかに
いるようです。

ざっか → かわいい

「かわいいものが　たくさん　あるね」
さくらが　言（い）いました。
「お母（かあ）さんは　何（なに）が　ほしいかな？」

さくらと
もも

→

さがす

→

ぷれぜんと

「これも　かわいい！」

「本当だね、いっぱい　あって

なやんじゃうね」

「ほかの　お店にも　行ってみようよ」

「そうだね、行ってみよう！」

さくらと
もも

→

まよう

→

ぷれぜんと

ざっかやさんを　出て、しばらく　歩くと、
お花やさんが　見えてきました。
「お母さんは　お花が　すきだから、見てみよう」

さくらと
もも

→

はいる

→

はなやさん

お店の　なかには

かわいらしい　しょくぶつが　ならんでいます。

どれも　お母さんが　よろこんでくれそうです。

「何が　いいのか、なやんじゃうなあ」

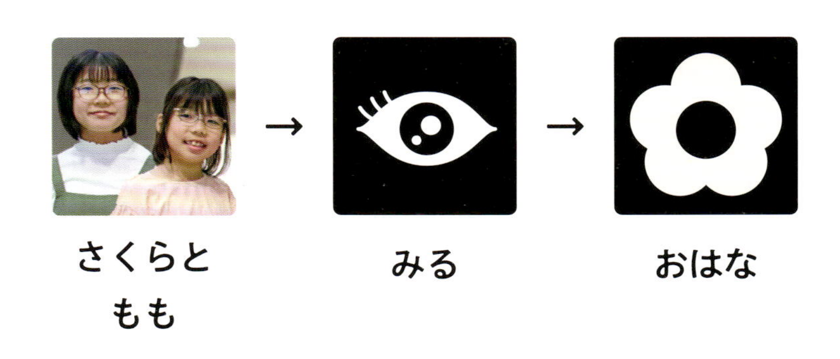

さくらと　ももは、つかれてきました。
こんなときは「フードコート」で
おやつタイムです。
ふたりは　とびきり　おいしそうな
シュークリームを　買うことにしました。

さくらと もも → みる → しゅーくりーむ

さくらは　ICカードで　会計を　します。
ICカードを　「ピッ」と　かざすと、しはらいが　できました。

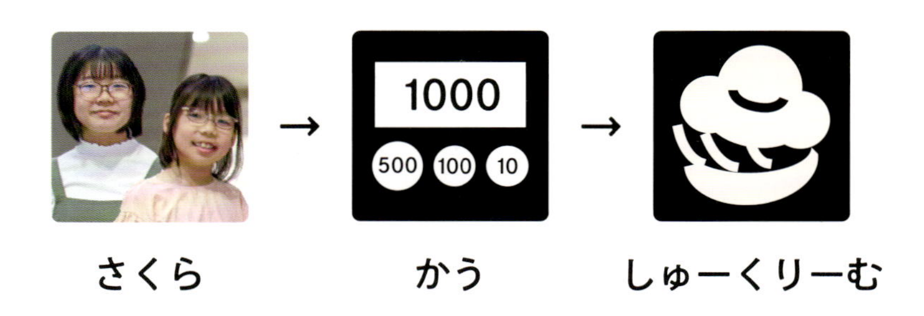

ほっと　ひといき。
おやつの　時間です。

さくらと
もも

→

きゅうけい

おいしそうな　シュークリームを
ぱくり！

ふたりは　おやつを　食べながら
何を　お母さんに
プレゼントするか　話しあいます。

「お花　きれいだったね」
「でも、お母さんが　毎日
つかえるものが　いいな」
「やっぱり　あれに　しよう！」
ふたりの　意見が
まとまりました。

さくらと
もも

→

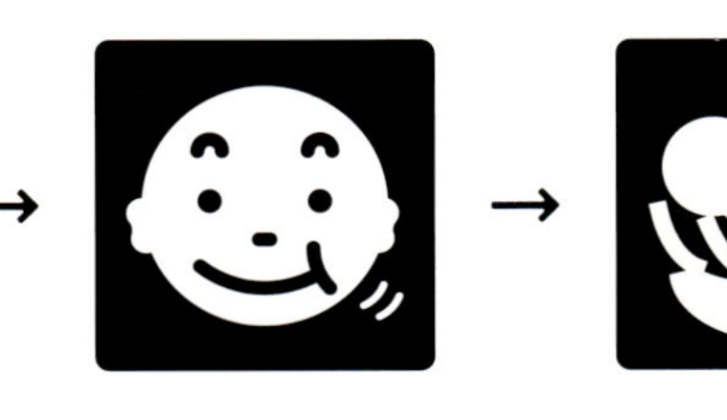
たべる

→

しゅーくりーむ

さくらと　ももは、さいしょに　入った　ざっかやさんへ
もどってきました。
お母さんへの　プレゼントに　きめた　マグカップを、
レジで　店員さんに　わたします。

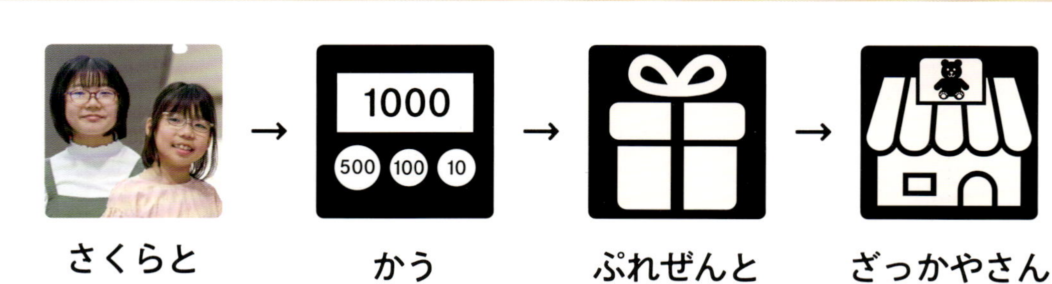

店員さんは、商品に　ついている　バーコードを
レジで　読みとりました。
そして「お会計は　770円です」と
さくらに　言いました。

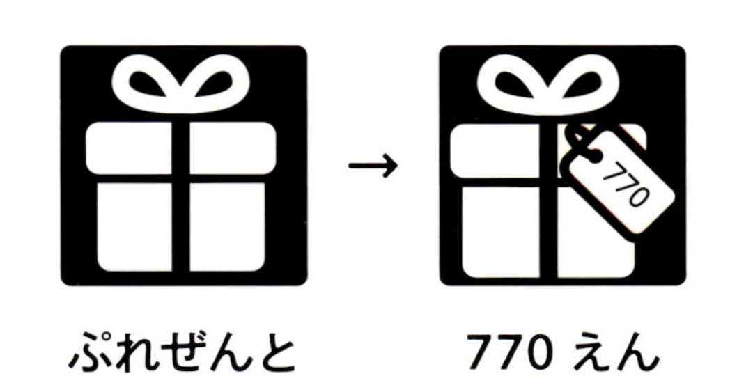

さくらは　おさいふから　1000円(えん)を
とりだして、店員(てんいん)さんに　わたします。
店員(てんいん)さんは「230円(えん)の　おかえしです」と
おつりを　わたしてくれました。

さくら

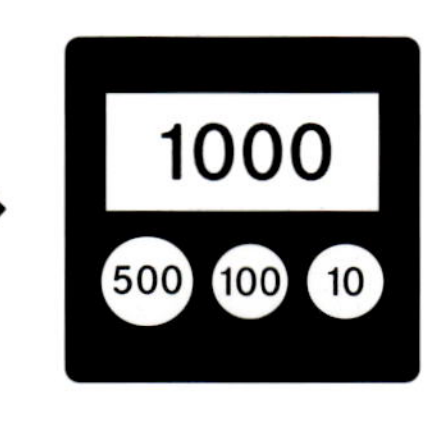

かいけい

店員（てんいん）さんは、かわいい　ふくろに
プレゼント（ぷれぜんと）を　入（い）れてくれました。

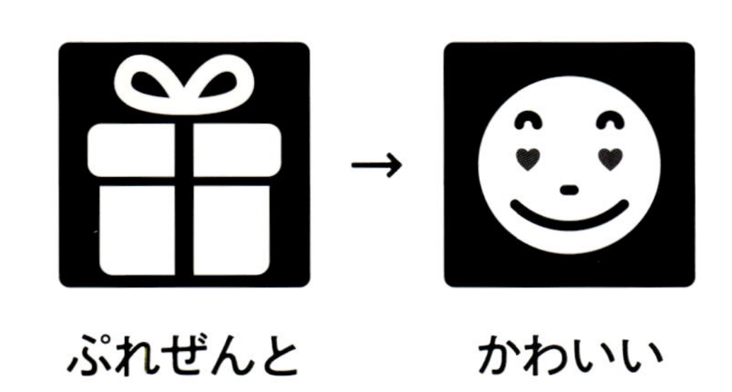

「お母さん、プレゼント
よろこんでくれるかな？」
さくらと　ももは、わくわくしながら
ショッピングモールを　あとにしました。

さくらと
もも

→

でる

→

しょっぴんぐ
もーる

楽しかったね！

買いものの　しかた

1 何を　買うか　きめる

でかける　前に、どの　お店で、
何を　買うか　きめよう。

2 お店で　商品を　さがす

お店に　ついたら、
買いたいものを　さがそう。

3 レジに　行く

買うものが　みつかったら、
レジに　もっていこう。

4 代金を　しはらう

レジで　お店の　人に　商品の
代金を　しはらおう。

お店では　どうやって　買いものを　するのかな？
どんなことに　気をつければ　よいのかな？

お店の　なかで　まもる　ルール

あぶないので
お店の　なかでは
走らない。

お店の　ものは
つついたり、むやみに
さわったりしない。

買わないものは
もとの　場所に
もどそう。

会計の　しかたは　いろいろ

お金で
しはらう。

ICカードで
しはらう。

5 商品を　うけとる

お店の　人から　買ったものを
うけとろう。

障がいの有無や国籍に関わらず だれもが読めるLLブック

LLブックの「LL」は、スウェーデン語で「やさしい文章でわかりやすい」を意味するLättlästをちぢめたものです。「わかりやすさ」へのニーズが高い、知的障がいのある人や日本語を母語としない人などをメインの読者として想定していますが、だれもが読むことができます。LLブックの特徴としては、

- **写真などで、内容を具体的に表している**
- **短く、やさしい日本語表現の文章で書かれている**
- **すべての漢字、カタカナにふりがながついている**
- **文章の意味の理解を助けるピクトグラムがついている**

このような点をあげることができます。文部科学省の「学校図書館ガイドライン」（2016年）では、LLブックの整備を勧めています。障がいのある人をふくめ、だれもが読書の権利をもっています。その権利を保障し、社会参加に必要な知識や情報を得る助けとなるのがLLブックなのです。

このシリーズは、読者に外出の楽しさを感じてもらうこと、また、外出先でのマナーや施設の利用方法について知ってもらうことをめざしてつくられています。大きな商業施設では、大人でも目的の店にたどりつくのに一苦労することがあります。そんな時はどうしたらよいでしょうか。また、商品の会計方法も、現金だけでなく電子マネーも使える時代になりました。それぞれの支払い方を知っておくことも大切です。この本では、楽しく読みすすめながら、これらのことをしっかり学ぶことができます。

すべての学校図書館や地域の図書館にLLブックが整備され、だれもが利用できるようになることを願っています。

専修大学教授　野口武悟

写真・文：キッチンミノル

しゃしん絵本作家。アメリカ合衆国生まれ。18歳の時に噺家を目指すも挫折。法政大学でカメラ部に入部し、卒業後は不動産販売会社で営業を経験する。写真家・杵島隆に写真を褒められ、その気になって写真の道へ。身の回りにある面白い事象を多くの人と共有するべく、日々しゃしん絵本の構想を練っている。最新刊に『ひこうきがとぶまえに』（TEXAS BookSellers）や『たいせつなたまご』（白泉社）などがある。

監修：野口武悟（のぐちたけのり）

専修大学文学部教授、放送大学客員教授。博士（図書館情報学）。専門は、読書バリアフリー、子どもの読書など。第8回JBBY賞などを受賞したLLブックシリーズ「仕事に行ってきます」（埼玉福祉会出版部）の監修などを手がける。主な著書に『読書バリアフリーの世界：大活字本と電子書籍の普及と活用』（三和書籍）などがある。

撮影協力：イオンモール幕張新都心

Flying Tiger Copenhagen/SOW the Farm UNIVERSAL/ビアードパパ/イオンスタイル幕張新都心/AMERICAN HOLIC/JINS/未来屋書店/イオンシネマ/Pet Plus（PETEMO内）/QB HOUSE

モデル：小林優芽、小林萌恵
協力：生井恭子（東京都立鹿本学園教諭）
本文イラスト：磯村仁穂
本文・装丁デザイン：倉科明敏（T.デザイン室）
ピクトグラム画像：PIXTA
編集制作：中根会美（303BOOKS）

すべての人に読書を　ポプラ社のＬＬブック④

買いものにいこう

発行	2025年4月　第1刷
写真・文	キッチンミノル
監修	野口武悟
発行者	加藤裕樹
編集	小林真理菜
発行所	株式会社ポプラ社
	〒141-8210　東京都品川区西五反田3－5－8 JR目黒MARCビル12階
	ホームページ　www.poplar.co.jp（ポプラ社） kodomottolab.poplar.co.jp（こどもっとラボ）
印刷・製本	株式会社C&Cプリンティングジャパン

Printed in China　ISBN978-4-591-18416-5 / N.D.C. 673 / 32P / 27cm

P7255004

家に　帰ったら……

① 手を　あらおう

家に　帰ってきたら、

すぐに　せっけんを

つかって　手を　あらう。

つめの　先や、ゆびの　間も

きれいに　してね。

② うがいを　しよう

手を　あらったら、

うがいを　する。

うがいを　して、

のどに　ついた　きんを

あらいおとそう。